MYSTÈRES!

Messages mystérieux

Katie Dicker

SAUNDERS
BOOK COMPANY

Publié par Saunders Book Company,
27 Stewart Road, Collingwood, ON Canada L9Y 4M7

Un livre de Appleseed Editions

Imprimé aux États-Unis
par Corporate Graphics à North Mankato, Minnesota

Conçu par Hel James
Édité par Mary-Jane Wilkins
Traduit de l'anglais par Anne-Sophie Seidler

Catalogage avant publication de Bibliothèque et Archives Canada

 Dicker, Katie
[Mysterious messages. Français]
     Messages mystérieux / Katie Dicker.
(Mystères!)
Traduction de : Mysterious messages.
Comprend un index.
ISBN 978-1-77092-305-8 (relié)
     1. Spiritisme--Ouvrages pour la jeunesse. 2. Signes et symboles--
Ouvrages pour la jeunesse. I. Titre. II. Titre: Mysterious messages.
Français.
BF1261.2.D5314 2015   j133.9'3   C2015-902499-4

Crédits photos
Page-titre Chalabala/Thinkstock, page 3 Slava Gerj/Shutterstock;
4-5 Chalabala/Thinkstock, 5 Jakez; 7 Aleksey Stemmer/ les deux :
Shutterstock; 8 Jupiterimages/Thinkstock; 9 Alastair Wallace;
10 OPIS Zagreb; 11 A. Einsiedler; 12 Michael Rosskothen/
tous Shutterstock; 14 Steven Wynn; 15 Comstock Images/
les deux : Thinkstock; 16 justasc/Shutterstock; 19 Alexey Zarodov;
21 Photodisc; 22 Frank Vinken; 24 Chalabala/ tous Thinkstock
Couverture Alvaro German Vilela/Shutterstock

Artwork Q2A Media Art Bank

DAD0054z
032015
9 8 7 6 5 4 3 2 1

Table des matières

Monde des esprits

Que deviennent les personnes mortes?
Restent-elles simplement dans leur tombe
ou bien existe-t-il un **monde des esprits**?
Certains prétendent avoir reçu des
messages de personnes **décédées**.

La maison aux visages

En 1971, Maria Gomez Pereira découvrit une tache
sur le sol de sa cuisine. En la nettoyant, elle trouva
que la tache ressemblait à un visage humain.
Le mari de Maria changea le sol, mais encore
plus de visages apparurent. La ville fit démolir
le sol et on trouva des squelettes enterrés dessous,
certains avec les têtes manquantes.

Histoires étranges

On dit parfois que les animaux peuvent
prédire l'avenir. Un jour, une femme
roulait en voiture avec son chat.
Il commença à s'agiter, sauta à l'avant
et mordit la dame, l'obligeant ainsi à
s'arrêter. C'est à ce moment qu'un arbre
s'abattit sur la route à quelques mètres
de là. Le chat leur avait sauvé la vie.

4

Sauvé de la mort

Wolf Messing était un **médium** qui pouvait prédire l'avenir.

En 1948, il était en visite dans la ville d'Achgabat au Turkménistan pour un spectacle. Wolf sentit que quelque chose de terrible allait se passer, il annula donc son spectacle et quitta la ville. Trois jours plus tard, un énorme séisme survint, causant la mort de 50 000 personnes.

Cette statue rappelle le séisme qui a détruit la ville d'Achgabat au Turkménistan en 1948.

Certains prétendent pouvoir parler aux esprits des personnes mortes. D'autres disent qu'ils peuvent prédire l'avenir.

Crime résolu

Parfois, les mères ont la sensation que leur enfant est en danger. On dit que certains fantômes parlent également à leurs parents.

Sentiment étrange

Dans les années 1890, Elva Heaster, de Virginie-Occidentale, fut retrouvée morte dans sa maison. Lors de l'enterrement, on eut l'impression qu'Elva bougeait la tête au moment où on descendit son cercueil dans la tombe. Sa mère se posa des questions. Elle avait toujours eu le sentiment qu'il y avait quelque chose de mauvais chez le nouveau mari d'Elva, Erasmus.

Une histoire de fantôme

Pendant quatre nuits, le fantôme d'Elva apparut à sa mère et lui raconta son histoire : Erasmus la frappait, et un jour, il l'avait étranglée. Elle lui expliqua que sa nuque avait été broyée.

La vérité au grand jour

Quand cette histoire fut racontée, on déterra le corps d'Elva. Sa nuque était brisée et elle avait été étranglée. Erasmus fut jugé pour le meurtre et mis en prison.

Elva était dans sa tombe lorsqu'elle apparut à sa mère et raconta son meurtre.

Vies antérieures

Certaines personnes disent avoir déjà vécu d'autres vies. Elles prétendent avoir été quelqu'un d'autre dans le passé!

Curieux récits

Dans les années 1970, une femme du Pays de Galles appelée Jane Evans raconta qu'elle pouvait se souvenir de six vies antérieures. Sous hypnose, elle raconta avoir vécu en Angleterre au temps des Romains et comme nonne dans l'Iowa durant le 20e siècle.

Parfois, sous hypnose, les personnes se souviennent d'événements passés.

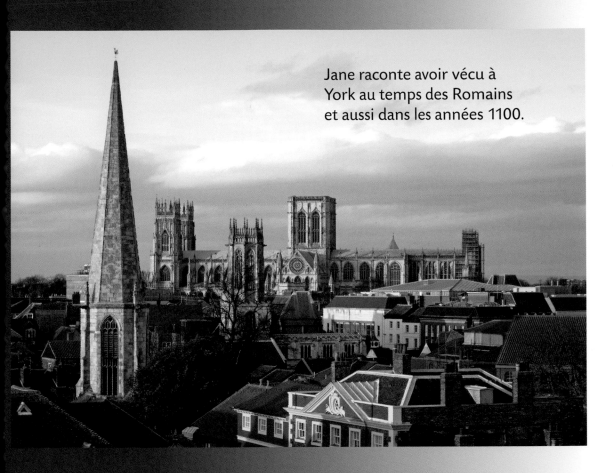

Jane raconte avoir vécu à York au temps des Romains et aussi dans les années 1100.

La cachette

Jane raconta également qu'elle avait été Rebecca, une femme juive vivant à York, en Angleterre, en 1189. Au moment où les chrétiens tuèrent les juifs, Jane et ses deux enfants se cachèrent dans la cave d'une église. Ils furent découverts et tués. Des années après ce récit, un historien se rendit dans l'église où « Rebecca » avait dû être tuée. Il ne trouva pas la cave, mais six mois plus tard, des ouvriers découvrirent cette cave cachée.

L'histoire de Swarnlata

Swarnlata est née en Inde, en 1948. À l'âge de trois ans, elle partit en voyage avec son père. Loin de chez elle, elle reconnut soudain un endroit où elle raconta avoir vécu en tant que femme mariée, du nom de Biya, avec ses deux fils. À l'âge de dix ans, Swarnlata retrouva la maison de Biya. Elle reconnut les membres de son ancienne famille et connaissait des détails de leur vie. Elle se souvenait de tout ce qui s'était passé en 1939, quand Biya mourut.

Swarnlata est née en 1948 dans le Pradesh, au nord de l'Inde.

Histoires d'enfance

Le joueur de **sitar** indien Ravi Shankar prétend se souvenir de vies antérieures. À deux ans, il réclama à ses parents les jouets qu'il avait dans une maison qu'ils ne connaissaient pas. À six ans, il leur raconta une terrible histoire : deux membres de sa famille l'avaient tué avec une lame de rasoir. Six mois avant la naissance de Ravi, un enfant de six ans avait été tué ainsi.

Ravi Shankar a une tache de naissance ressemblant à une coupure de rasoir autour de son cou. Est-ce un signe d'une de ses vies antérieures?

Croyances bouddhistes

Les bouddhistes croient que quand une personne meurt, son âme renaît dans le corps d'une autre personne ou d'un animal. Lorsque le **dalaï-lama** meurt, on dit que son âme devient une partie du nouveau dalaï-lama. On teste donc les garçons nés peu après son décès. Si l'un d'eux reconnaît des objets ayant appartenu au dalaï-lama, c'est lui qui devient le nouveau chef des croyants bouddhistes.

11

Naufrages

En 1912, le Titanic, le plus gros **paquebot** jamais construit à l'époque, quitta le port de Southampton, en Angleterre, pour se rendre à New York. À son bord, seulement quelques canots de sauvetage. Le Titanic était réputé « **insubmersible** », mais après quatre jours de voyage, ce fut le désastre.

Sixième sens?

À minuit, le 14 avril 1912, le navire heurta un **iceberg** et coula. Plus de 1500 personnes moururent. Certains passagers avaient annulé leur voyage, parmi eux Milton Hershey, propriétaire de la Hershey Chocolate Company, et J. P. Morgan, l'un des hommes les plus riches du monde. Avaient-ils eu un mauvais sentiment vis-à-vis du navire? Vingt-deux employés de la salle des machines arrivèrent en retard ce jour-là et eurent la vie sauve, car le Titanic leva l'ancre sans eux.

Peur de l'eau

Donald Wollam est né en 1960 dans l'Illinois. Il avait très peur de l'eau, mais adorait les histoires sur le Titanic. Il décrivit une petite fille et un petit garçon jouant à bord du navire. Donald se noya à l'âge de 19 ans. Plus tard, sa mère entendit une survivante du Titanic qui décrivait comment elle jouait à bord avec son frère. Donald avait-il été sur le Titanic dans une vie antérieure?

Histoires étranges

Quatorze ans avant le naufrage du *Titanic*, Morgan Robertson écrivit un roman sur un paquebot de luxe appelé *Titan*. Dans son histoire, un navire insubmersible heurtait un iceberg une nuit d'avril et presque tous les passagers mouraient par manque de canots de sauvetage.

Messages nocturnes

Beaucoup de personnes disent recevoir des messages dans leurs rêves. Certains sont difficiles à comprendre, d'autres en revanche sont parfaitement clairs. Certains montrent même l'avenir.

La mort en rêve

En 1865, le président américain Abraham Lincoln raconta à sa femme et à deux employés qu'il avait fait le même rêve étrange trois nuits de suite. Dans son rêve, il entendait pleurer à la Maison-Blanche. En voulant voir d'où venaient les pleurs, il trouvait son corps mort, prêt à être enterré. On lui disait aussi que le président avait été tué. Environ deux semaines plus tard, Lincoln fut tué au théâtre Ford.

Le président Lincoln a-t-il vu sa propre mort en rêve?

14

Trésor caché

Il y a près de 3500 ans, le **pharaon** égyptien Thoutmôsis IV fit un rêve. Un dieu lui ordonnait d'enlever tout le sable dans une zone précise. Il lui dit qu'il découvrirait ainsi un sphinx perdu dans le sable depuis des centaines d'années. Thoutmôsis ordonna d'enlever le sable et le sphinx fut découvert.

Ce sphinx resta enfoui dans le sable pendant des siècles jusqu'à ce qu'un rêve en révèle l'emplacement exact.

Rêve de bataille

Parfois, les soldats rêvent de leur propre mort avant d'être tués. Certains rêves montrent avec précision ce qui va se passer. Avant la bataille de Fair Oaks, durant la guerre de Sécession aux États-Unis, un soldat rêva qu'il n'avait plus qu'une semaine à vivre. Il décrivit la bataille qui aurait lieu sept jours plus tard et put même dire avec précision quels hommes allaient mourir et où ils seraient retrouvés. Une semaine plus tard, la bataille eut lieu comme il l'avait décrite.

Histoires **étranges**

En 1979, David Booth appela la compagnie aérienne American Airlines avec un avertissement. Il avait rêvé qu'un de leurs DC-10 s'écrasait dans un ensemble d'immeubles. Quelques jours plus tard, un DC-10 de Chicago tomba en panne et s'écrasa sur des immeubles, causant la mort de tous les passagers.

Rêve et réalité

En 1966, une tragédie toucha le village gallois d'Aberfan. Un énorme amas de déchets de charbon s'effondra sur une école, tuant 116 enfants. Des personnes avaient rêvé de la tragédie avant qu'elle ne survienne. Une femme avait vu, en rêve, du charbon dévaler une montagne et un sauveteur dégager un garçon des débris. Plus tard, elle vit le garçon et le sauveteur à la télé.

Comment le soldat a-t-il pu rêver de sa mort et de celle de ses camarades avec tant de précision?

Nouvelle vie

Lorsqu'une personne vient de mourir, ses organes peuvent être donnés à un patient dont les organes ne fonctionnent plus correctement. Une **transplantation** peut ainsi sauver la vie du patient. On raconte que parfois, les personnes transplantées prennent également certains traits de personnalité de la personne morte.

Changement de personnalité

En 1988, Claire Sylvia reçut un cœur et un poumon qui lui sauvèrent la vie. Mais après l'opération, elle ne fut plus vraiment la même. Elle commença à aimer la bière, les poivrons verts et les croquettes de poulet, choses qu'elle n'avait jamais aimées avant. Elle devint plus sûre d'elle également.

Les goûts de Claire Sylvia changèrent après une transplantation cœur-poumon.

18

Les organes transplantés sont souvent prélevés sur des victimes d'accident de la route.

Traits de caractère

Claire raconta qu'en rêve, elle avait rencontré un jeune homme appelé Tim L et qu'elle avait eu l'impression de « l'**inspirer** dans son corps ». Claire apprit ensuite que son donneur d'organes était un jeune homme appelé Tim Lamirande, décédé dans un accident de moto. Sa famille confirma qu'il aimait la bière, les poivrons verts et les croquettes de poulet. Claire avait-elle hérité de traits de caractère de Tim?

19

Nouveaux loisirs

En octobre 2005, Lynda Gammons donna un de ses reins à son mari Ian qui avait besoin d'une transplantation. Peu après l'opération, Ian commença à aimer cuisiner et faire le ménage. Il détestait cela auparavant! Adorant les chats, il se mit également à aimer les chiens.

Histoires étranges

Une petite fille de huit ans, qui avait reçu un nouveau cœur, aida la police à trouver l'homme qui avait tué son donneur. Après la transplantation, la fillette faisait d'horribles cauchemars de meurtre. Elle fut capable de dire quand et où le meurtre avait eu lieu, quelle arme avait été utilisée et quels vêtements l'assassin portait. Grâce à son récit, la police retrouva l'assassin et il fut reconnu coupable.

Lorsque Lynda donna un rein à son mari, ils commencèrent à aimer les mêmes choses.

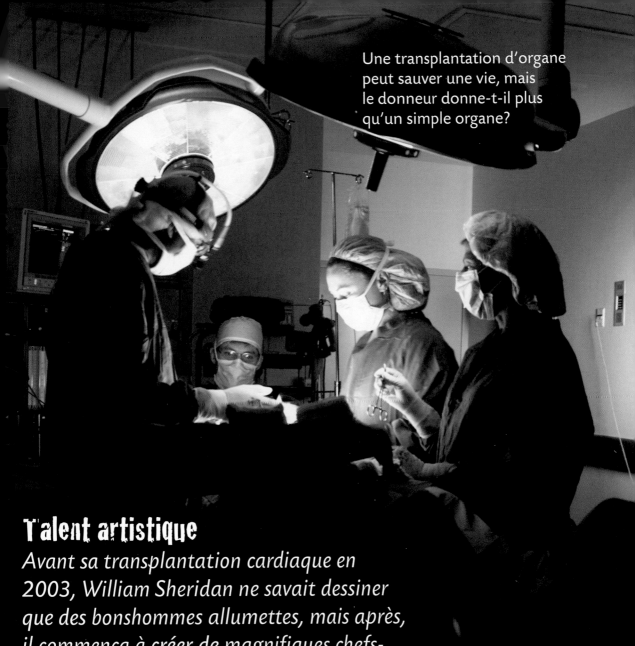

Une transplantation d'organe peut sauver une vie, mais le donneur donne-t-il plus qu'un simple organe?

Talent artistique

Avant sa transplantation cardiaque en 2003, William Sheridan ne savait dessiner que des bonshommes allumettes, mais après, il commença à créer de magnifiques chefs-d'œuvre. William découvrit ensuite que son donneur était un jeune homme de 24 ans nommé Keith Neville, mort dans un accident de voiture. La mère de Keith lui raconta que son fils possédait un grand talent artistique.

Glossaire

dalaï-lama
Nom donné au chef religieux des bouddhistes.

décéder
Mourir.

hypnose
On dit qu'une personne est sous hypnose quand on la met dans un état entre l'éveil et le sommeil. Elle peut entendre des questions et y répondre, et parfois se souvenir d'événements passés.

inspirer
Faire entrer de l'air dans les poumons.

insubmersible
Qui ne peut pas couler.

Maison-Blanche
Maison et bureau officiels du président des États-Unis, à Washington D.C.

médium
Personne réputée pouvoir lire les pensées, parler aux personnes mortes ou prédire l'avenir.

monde des esprits
Lieu imaginaire où pourraient vivre les esprits des personnes mortes.

nocturne
Qui a lieu pendant la nuit.

paquebot
Grand navire qui transporte des passagers.

pharaon
Chef dans l'Égypte ancienne.

prédire
Annoncer une chose avant qu'elle se produise.

sitar
Instrument à cordes, souvent joué en Inde.

transplantation
Opération médicale qui consiste à prélever un organe d'une personne et à le placer dans le corps d'une autre pour remplacer un organe abîmé.

vie antérieure
Vie qu'on aurait vécue avant celle d'aujourd'hui.

Index